Alligevel

Alligevel

Digtet af Marianne Christensen

Alligevel

Kontakt:
www.mariannechristensen.dk

marianne@mariannechristensen.dk

Af samme forfatter

Bidrag til antologien "Ord i Nord", 2005
Bidrag til STORDSTRØMMEN, Antologi 2015
Blå måne skinner hvidt lys, digte 2018
Fløjtende ligegyldige bekymringer, digte 2019
Det sidste led – et liv uden børn, 2020
Hvor blå kan man bli' 2021
Bidrag til 'Skriv mindet i live – en mosaik af stemmer' 2021
Bidrag til antologien 'Os hernedefra', 2022

Mundtlige værker
Marie Gubbe, 24.6.1716
En flig af mit hjerte
Fra hestevognspassager til motorbølle
Fortællinger fra Lolland

Indhold

Om denne digtsamling

Det var egentlig ikke meningen, at jeg ville udgive flere digtsamlinger, men digtene blev ved med at presse sig på, så jeg gør det alligevel.

Digtene kommer til mig hulter til bulter på alle tider af døgnet, og når jeg når at gribe ordene, skriver jeg dem ned og gemmer dem. Somme tider skal de redigeres og rettes, andre gange er de færdige på en gang.

Jeg ønsker dig god fornøjelse.

Marianne Christensen
Oktober 2022
www.mariannechristensen.dk

Afmonteret

Du fangede

mit blik

og tog

min hånd

du slog

benene væk

under mig

jeg tabte

vejret

og

gav dig

mit hjerte

Og så gik du

Alder

Jeg bladrer

igennem

min mailboks

hen over

navnene

på de døde

nænner ikke

at slette dem

vil ikke

glemme dem

minderne

livet

tiden der gik

Sandet

i timeglasset

løber ud

Alderen

følger med

tiden

Alligevel

Der er

temmelig meget

man ikke må

men jeg

er ikke

man

så jeg

gør det

alligevel

April

Saften stiger nedefra

smyger sig

igennem stammen

ud ad grenen

skubber mig frem

Jeg tøver længe

som knop

udenpå stille

og hård

indeni

deler cellerne sig

vokser

til mig

Jeg er ikke klar

Safterne presser mere

hårdere

fylder mig op

jeg vokser

mere

maser mig frem

skallen revner

Jeg er på spring

NU

NU

NU

af sted

giver slip

jeg springer

folder mig ud

blomstrer

Besøg

Du kom

du satte dig

du blev

ikke

ret længe

første gang

men så

. . .

Billedet

Du tog billedet

af os

ned fra væggen

inden du gik

og aldrig

så dig tilbage

Eller det

ved jeg jo ikke

om du gjorde

altid

Eller om du

beholdt billedet

Eller om du

smed det ud

Billedet af os

Black Friday

Sort udsigt

når pengene

strømmer

til

vildt forbrug

drevet af en

sitrende

energisk

krævende

hungrende

trang

til mere

mere

mere

Hvornår

er nok

nok

Cyklist

Kjolen blafrer

ved baghjulet

jeg cykler

i solskin

sommerglad

drømmer

blafrende hår

i høstvinden

overhaling

ubalance

retter op

Cykling

er sundt

Dengang

Computere

bredbånd

datalære

elbiler

elcykler

fibernet

internet

juicer

iPads

mobiltelefoner

reagensglasbørn

tv

fandtes ikke

engang

Dumt

Jeg standsede

ved en bod

langs vejen

langt ude

på landet

fordi

jeg havde hørt

at de havde

friske varer

Jeg købte løg

og blommer

og udenlandske æbler

og mandariner

i august

Mandariner

i august

og udenlandske æbler

når der var

Guldborgæbler

i min have

Men jeg var

ikke hjemme

Dumt

Elskede

Så tæt på

dog så fjern

En lykkerus

drukner

i et glimt

af det

der kunne

have været

Erindring

Jeg åbner døren

til fryseren

og undrer mig

over hvorfor

Jeg vender mig

til hylden

med køkkenrullen

Det var den

jeg kom efter

Derfor

Forbigåelse

Nedfalden frugt

fyldt

med furer

af friske

grenes slid

fanger

min flygtige

fantasis

opmærksomhed

Syrlig saft

eksploderer

i min mund

smyger sig

rundt

om mine tænder

imens jeg

smaskende

spiser

det sidste

sommeræble

Sensommer

slut

For sent

Der var

ingen

hjemme

da jeg kom

troede jeg

for bilen var væk

så jeg

bankede

ikke på

det

skulle jeg

have gjort

de lå

bare

og sov

sagde de

senere

Forår

Forår i mit sind

æbleblomster står på spring

lykken kalder nu

jeg springer

Frokostpause

Havneliv

Havduft

Sølvstriber på vandet

blænder glimtvis

Vinden hiver wirerne rundt

klaprende uregelmæssigt

mod bådmasterne

Småbølger krapper

med taktfaste skvulp

ind mod stensætningen

En rystepudser i det fjerne

en lastbil i tomgang

menneskestemmer

endnu en lastbil læsset med lystbåd

hvirvler støvet op på den ralbelagte sti

Mågen pudser uforstyrret videre

på sine fjer

fra toppen af en fortøjningspæl

benzinos

hurtigt forbipasserende knallert

den enlige blishøne

har fundet en makker

dykker ned med rumpen i vejret

sluger byttet

skyller næbbet

og dykker igen

og igen

Ensom flyver trækker en hvid stribe

hen over den blå blå himmel

mågens hæse stemme

kalder højlydt

ud over vandet

ingen svar

gråspurve og musvitter taler

ikke mågesprog

de har hver deres eget

kragen flyver skræppende

lavt hen over vandet

forstår de mon hinanden

wirerne klaprer videre

Vinden kærtegner min kind

jeg lukker øjnene og lader

som om det er et flygtigt kys

fra min elskede

Følelsen forsvundet

mindet lever

suk

En båd fyldt med unge søspejdere

stævner ud fra molen

frydefulde skrig og hvin

overdøver alt andet

indtil de er uden for hørevidde

skvulp

skvulp

En ikke helt ung mand

suser forbi

på et elektrisk løbehjul

solen lyser uden varme

kuldegys

39

Jeg cykler hjem

Fødselsdag

Du kom uventet

med blomster

til min fødselsdag

uden at vide

hvor smukt

de passede ind

i tomrummet

i mit hjerte

det lille sted

der manglede

netop

din buket

og din

opmærksomhed.

Tak

Genbrugt

Genbrugt

misbrugt

levet i utugt

se dig

ikke

tilbage

fremtiden

kan være

lysere

håb

Grænser

Grænser er til

for at blive flyttet

siger du

jeg siger

nej tak

fordi

jeg ved

du mener

at du

skal flytte

mine grænser

så de passer

til dine

Nej tak

Hjerteflimmer

Mit hjerte

gik i udu

tabte rytmen

flimrede

200 W

et splitsekund

ny start

ny chance

nyt liv

Hobby

Vi strikker i kor

og taler

i maskerne

på hinanden

nogle lytter

andre pytter

for vi hører

alligevel

kun det

vi selv

siger

Igen

Farvel du kære

en notits

i avisen

i nyhederne

i en sms

Så skete det igen

en lille besked

bebuder

at verden har mistet

en stor personlighed

Jeg vænner mig

aldrig

til det

Indiskutabelt

Hvis vi

skal diskutere

det her

vil jeg

bestemme

hvem

der får ret

Punktum

Intimt

Blødgørende

ord

forfører

mine

vagtsomme ører

fanger min

sjæls

opmærksomhed

og lover

mere end

blot

ord

Cellerne

forlanger

forløsning

nu

før smerten

forhindrer

drømmens

realisering

Kender du det

Kender du

længslen

efter den elskede

du aldrig ser igen

Kender du

følelsen

af at mangle

et knus

du kan mærke

helt ind

i knoglerne

Kender du

afmagten

når du indser

at det aldrig

sker igen

Kender du

tårerne

der uden varsel

presser sig på

og flyder over

i dine trætte øjne

Kender du det

Så er vi to

ikke de eneste

Livet

Ingen

har lovet

at livet

skal være let

grib det

lad det flå

i dig

og flænse

dig i tusind stykker

intet varer evigt

Du

bliver hel

igen

Lys

Når lyset bliver tændt

lige for øjnene af mig

ved jeg godt

hvad klokken har slået

det er for min egen skyld

så jeg bedre kan læse

jeg ved godt

at det er fordi

jeg er blevet

ældre

og har brug for

lyset

Således oplyst

læser jeg videre

Længsel

Jeg trykker

min længsel

helt ind

under huden

Hvordan mon

det føles

at være

så elsket

og savnet

som du

er

Løgn

Træerne vokser

ikke

ind i himlen

Vrøvl

Hvor

skulle de

ellers

vokse hen

MeToo

SoMe

somme

tider

er det bare

så spændende

at følge

andres

liv

at jeg

helt

glemmer

mit

eget

YouToo

Morgentanker

Fuglene synger smukt

for vores jord

de siger det hele

uden ord

hvad skulle vi gøre

uden deres sang

lytte til vore egne

stemmers hule klang

mens jorden drejer

i evighed rundt

prøver vi at spise og leve sundt

i en evig jagt

efter kærlig opmærksomhed

vi finder kun

en mennesketom ensomhed

Musen

Det pusler

i en afkrog

af min hjerne

musen står

på spring

grib mig

før jeg falder

inden jeg forsvinder

lyt til mig

glem ikke

at jeg kommer

når du

mindst

venter det

vær beredt

Naglet

Så sad vi der

og drak vores øl

imens vi flettede fingre

og så hinanden dybt

i øjnene

udvekslede historier

om levet liv

i forskellige

verdener

Hjertet holdt krampagtigt

fast i følelsen af en gnist

der trængte sig på

og ville ud

ud for at sætte brand

i meget mere end

mit skød

der længtes

efter at mærke din leg

Hånd i hånd fulgtes vi

gennem gaderne

i skarpt trav

til banegården

kyssede farvel

og vinkede forlegent

Skulle jeg lige så stille

folde vingerne ud

og flyve afsted

på suset

eller skulle jeg lige så stille

lade mig synke ned

i kærlighedens

afgrundsdyb

falde ned i længslen

og flyde på det

frådende havblik

Stilhed

Op og ned

ud og ind

jeg hopper

fra stemning til stemning

et øjeblik glad

og fyldt

med forventning

et andet øjeblik

så tung

af savnet

men holder fast

med vilje

undgår at mærke

den sårbarhed

jeg så gerne

vil give mig hen til

savner

savner ikke

længes

længes efter

at mærke din favn

Det var en dejlig dag

helt floskelagtig god

en god begyndelse

begyndelsen

på et eventyr

det må hellere gå godt

Vaklende

 i en hvirvelvind

af skal skal-ikke

synker ned

flyder over

eventyret

midt i et mareridt

af påtrængende higen

efter frit at flyve

mod horisonten

mærker smerten

glæden tvivlen

ønsker bare ro

hvile i det der er

uden forbehold

Skal ikke imponere

eller gøre indtryk

skal ikke brillere

skal ikke leve op

til andres forventninger

bare være mig

selv

ingen binding

kun leg

smerten

giver udtryk

gør indtryk

finder ro

Glæden fødes på ny

solen står op

over livet

kærligheden

ikke kun til dig

men også til mig

til os

til det vi har

Et umuligt eventyr

uden helte

masser af sjove oplevelser

kaos

optur og nedtur

Vi holder fast

slipper

griber fat igen

slipper

er ikke helt færdige

healing

ubærlig smerte

forandrer

forvandler

Nu er det nok

vi skal slippe

give efter

En syl penetrerer hjertet

den nødvendige smerte

forvandles

til frydefuld glæde

en dag

håb

ro

Natten

Natten lukker sig

favner mig

sommerfuglen

åbner sig

venter glinsende

lydløst søgende

breder vingerne ud

skriger higende

Kom

lad mig være din brud

i nuets evighed

Nedrivning på vej

Et forfaldent hus

et levet liv

en børneflok

hårdtarbejdende forældre

lykkelige minder

glade stemmer

velholdt have

forvandlet til skov

Mit barndomshjem

Nok

Nok

noksagt

og

nokkefår

er

noksom

det samme

Er nok nok

nu

er nok nok

Nok er nok

Nok sagt

Nydelse

Du nyder

min

hengivenhed

Jeg nyder

at give mig hen

Hengivenhed

er en gave

vi begge

vinder

ved at

give

os

Oprydning

Ordene

strømmer ud

gennem

fingrene

rydder op

og

lægger

sindets

forvirrede

puslespilsbrikker

på plads

Ord

Jeg tror

ikke

på tilfældigheder

når jeg sidder fast

i overvældigheder

Hænger overflod

sammen med

overflødigheder

og betyder det

bare

at fløden

svømmer ovenpå

For det gør den jo

hvis den

venter

længe nok

Overvældet

af ordenes

muligheder

og umuligheder

giver jeg

disse ord

videre

Helt tilfældigt

Paradoks

Søde ord

i natten

spejler

kødets skrøbelighed

Hudens sult

skriger

efter mæthed

Din lyst

vækker

mine sanser

lokker

lover

lidenskabelig

lyksalighed

75

Ekstase

udebliver

Somme tider

er ord

bare ikke nok

Rund smag

Jeg tager det hele

i munden

på én gang

Rundheden

hviler på min tunge

dvæler et øjeblik

nyder glæden

ved at vente

på smagen

Sætter tænderne

i skindet

bider til

saften løber

ned ad hagen

Sødmen breder sig

kødet forsvinder

bid for bid

Stenen er hård

og dog blød,

i sin fasthed

Jeg spytter den ud

tager endnu

en blomme

Spring

På bunden

af ensomhedens brønd

ligger det

mægtige

mørke

hvem tør

hoppe derned

og se uhyret

i øjnene

blot for at opdage

at det

er en gave

der endnu ikke

er åbnet

spring

Spørgsmål

Forstår du

egentlig

omfanget

af min kærlighed

til dig

Stik

Jeg tog

stikket hjem

det stik

der skulle

have været

det sidste

i stedet

blev det

det første

stik

i siden

på min

løbetur

Svaghed

Det der lille

glimt

i øjet

og blikket

du holder

lidt

for længe

smelter

mit forbehold

og sender

fornuften

på langfart

Jeg er

til fals

for

intense

blikke

Hold

afstand

Tid

Jeg kaster tiden

over bord

spilder den

i ligegyldighedens

uendeligt

dybe hav

Der

er altid plads

til mere

Ungdom

Læreren

var langhåret

og ubarberet

vel nærmest usoigneret

Fingerspillet

var imponerende

og intimiderende

samtidigt

Forelsket

hjernen kokset

fornuften væltet

Det var et kald

at gå til guitar

dengang

Lovning om

mestring af

lystige toner

ved lutrende lejrbål

med fællessang

og natlige

udskejelser

Drømme

Drømmene brast

fingrene

mestrede ikke

at tæmme

strengene

For resten

lugtede han

også tydeligt

af tobak

og bajere

og lejrbål

Så kunne det

være

det samme

Alligevel

Utopi

Jeg taler da

med nogen

i telefonen

altså

når jeg selv

ringer dem op

og hvis

de svarer

Men ingen

ingen

slet ingen

rører ved mig

stryger min kind

skubber håret væk

fra mine øjne

og siger søde ord

Hvis det

er for meget

at ønske sig

kunne det bare

være en hånd

på min kind

uden ord

Venten

Vi ved

tiden

er knap

Vi venter

på svar

fra lægen

Vi venter

på døden

ingen kender

dagen

Vi venter

på den

dag

Væk

Du blev væk

altså ikke væk

som i forsvundet

Du kom bare ikke

du blev væk

fra mig

for mig

Væk mig

hvis du kommer

alligevel

Har du læst de andre bøger?

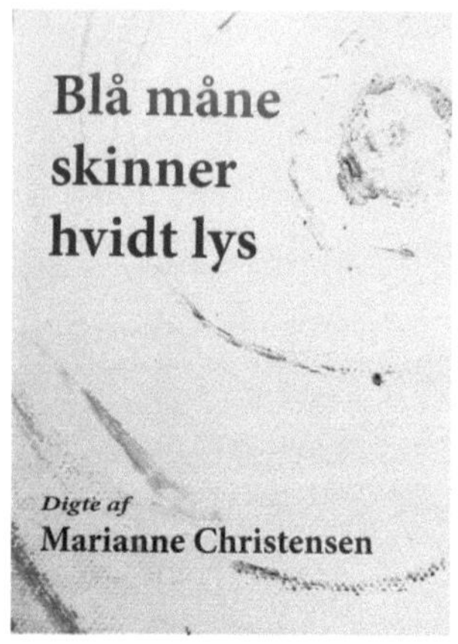

Blå måne skinner hvidt lys, digte

Denne lille perle af en digtsamling rummer store følelser om sorg, håb, fornyet håb og det savn, der er tilbage efter at have mistet sin elskede. Digtene er derfor både skrevet i mindet om en kær mand, men også præget af klarhed og ønsket om at livet trods alt skal leves på bedste vis.

Trods de til tider lidt dystre tanker rummer alle digtene også et betydeligt mod til at se livet i øjnene, og et stærkt ønske om ikke at leve i minderne, men med minderne. Digtene er præget af et suverænt godt sprog, og som læser kommer man betydeligt styrket ud af digtsamlingen i sidste ende.

Books on Demand 2018, ISBN: 97888743001478

Fløjtende ligegyldige bekymringer, digte

Digte, der giver stof til eftertanke om livet i al almindelighed. De efterlader læseren med flere spørgsmål end svar - og forhåbentlig et smil på læben.

Endnu engang har Marianne Christensen dyppet pennen i det menneskelige sind og med humor og glimt i øjet spejlet sin omverden.

Books on Demand 2019,
ISBN: 9788743012108

Det sidste led – et liv uden børn
Interviewbog i samarbejde med Dorte Roholte.

"Slægt skal følge slægters gang," står der i B.S. Ingemanns salme, og det er en udbredt opfattelse, at meningen med livet er at give det videre. Men hvad så, hvis man frivilligt eller ufrivilligt lever sit liv uden at få børn? Hvordan er det at blive det sidste led på grenen af ens eget stamtræ og dermed ikke give sine gener videre?
Uddrag af bogen Marie: Jeg har intet forhold til, at noget af mig skulle leve videre. Jeg bidrager til verden med det, jeg gør lige nu.
Marianne: Jeg måtte indstille mig på et liv uden børn, og jeg undertrykte sorgen over ikke at kunne opfylde den ultimative forventning til en kvinde, nemlig at blive mor.
Mellemgaard 2020
ISBN: 9788772187587

Hvor blå kan man bli'
5 år med tekster til bluesmusik

En samling af lyriske tekster, der er skrevet og fortalt af Marianne Christensen gennem fem år til utallige koncertaftener med Blues Jam i SmallStars, et rytmisk spillested i Vordingborg.
Teksterne er fyldt med humor, alvor og dyb indsigt i menneskets natur og hverdagsliv om alt fra ensomhed til længsel, dating og eventyrlyst.
Som indledning fortælles historien om, hvordan det gik til, at Marianne Christensen begyndte at skrive tekster til bluesmusik.
Hun skriver personligt og generelt på samme tid og altid fortalt med et glimt i øjet.
Books on Demand 2021
ISBN: 9788743030690